흔들리는 그늘

강동희 시집

Poems by Kang Dong Hee

동학시인선 128

■ 시인의 말

시인이 시집을 낸다는 게 당연할 수도 있겠습니다만 기왕 이름이 널리 알려진 시인들의 시집도 잘 읽히지 않는 현실에서 보잘 것 없는 시인의 시집 한 권이 무슨 기능을 할 수 있겠는가.

괜히 버려지는 책더미에 한 권 더 얹힐 뿐이지 않을까 많이 오랫동안 망설였습니다.

집 한 칸 없이 사는 사람도 많은데 시집 없는 시인 하나쯤 더 있어도 괜찮지 않을까 대수롭잖게 자위를 했습니다.

그러던 어느 늦가을 응달의 골목을 들어서다 작은 풀꽃 한 송이를 보았습니다. 정말 눈에 잘 띄지도 않는 아주 작은 풀이 응달의 시멘트 바닥에서 예쁜 꽃을 피우고 있었지요.

자세히 들여다보지 않으면 눈에 들어오지도 않을 그러나 분명한 다섯 꽃잎의 선명한 홑꽃이 낮은 키로 밀어올린 꽃대 위에 얹혀 늦가을 응달의 시멘트 바닥에서 후미진 골목을 향하여 제 몫을 다하고 있는 겁니다.

그것도 순수의 흰색과 보라의 기품있는 모습으로. 순간 확 달아오르는 감동! 무엇이라 변명할 수 없는 부끄러움이 나의 무릎을 꺾어 주저앉혔습니다.

저 작은 풀꽃보다 못한 시인이 무슨 시인이라고 시집 한 권도 아니낸다는 말인가. 보아주든 안 보아주든 용기를 얻었습니다. 또 더 부끄러워집니다.

흔들리는 그늘 강동희 시집

흔들리는 그늘

강동희 시집

감

빰에 닿는 입김처럼
이제 막 색 오르는
발소리 익으면
설렘 놓일까요
속살 드러나면
바알갛게 농익은 그대
반갑게 안겨 올까요

소용에 닿지 않는 관심

저기요,
묻고 싶은 게 하나 있는데요
혹시 당신이 알고 있다는 그것,
그것 뒤에 펼쳐지는 지금의 뒷그림이 무엇인지
말씀해 주실 수 있나요 가령
당신 주위의 소중한 누군가가 말 못할 사정으로
고난을 겪고 있다면 말못할 사정을 유일하게
안다고 생각하는 당신께선 마찬가지로 말 못할 수밖에
없는 그 지금 사정의 뒷그림을 아시냐는 거죠
소중한 누군가의 말 못할 사정이라 미주알 고주알
할 수 없다구요 그럼 말 못할 사정은
아예 바깥 공기는 쐴 수 없는 건가요
세탁 후의 수건처럼 잘 개켜놓으면
언제 다시 사용될지 기약 없는
그럼 형편에 따라 말할 수도 못할 수도 있나요
어정쩡한 뒷그림이 아니라면 가정에만 그칠 건가요

저기요, 묻고 싶은 게 하나 더 있는데요

정말 그냥 안타깝게 사라지게 둘 건가요

우묵한 눈

내 안에 깊이 가라앉은
우묵한 눈꺼풀 언제
비벼본 본 적 있던가

강바닥 이무기 같을
뻘밭에 빠져
상처를 허우적거릴
고통받는 이웃에
눈 돌린 적 있던가

바닥 깊이 들면
뒤집은 속 보이려나

보다 더 깊은 침잠의 늪
이불처럼 막 덮고 눈 감은
개구리

희멀건 하루를
깨워본 적 있는가

하루여
빛살 부서진 하루여
가난한 손바닥이
눈부신 가을을 가려

빈 생각에 몸부림치는
믿음조차 가을빛처럼 해맑게
저버린 눈이여

추분

할멍 임플란트처럼
마주보던 다람쥐 한 쌍
오늘은 반뽈이다

아직은 푸른 끼 두른
턱 없는 햇밤

걱정

가을 낮 햇살이 잠시
앉아 쉬는 꽃 잃은 매화나무

할 일 없이 찾아든 나비 한 마리

봄에 본 나비에 얹혀
힘겨워 보이는 날개가

곧 휘어져 떨어질 얇은 지팡이
덜컹거리는 지상철 문간 같아서

고개 내밀고 바라보는
할망 눈에만
빈약하기 짝이 없는

영감님 등짝

진경산수화

멀고 멀어라

가도 가도
자욱한 길

밟고 지난 낯선 길이
문득
앞선 길

오늘 지날 적막은
멀어서 희미한가

없는 바람도 마딘 길
구름 한 잎 뜬 길

토마토의 반란

할멍 따라 짐꾼으로 마트엘 따라나섰다가
토마토가 눈에 띄어 갑자기
비린 맛의 독특한 구미가 당겨 값부터
살피니 애기 조막만한 게
엄청 부담을 준다
토마토 두어 그루 밭머리에서 풍기던
비릿한 맛을 못 잊어 못마땅한 할멍 얼러
한 팩을 얻었는데 짐도 풀기 전에 한 입을 베어 물어도
제맛이 아니다 내 혀가 늙은 걸
잊었던가 보기엔 맛있던데
밍밍하기 그지없다
퇴근해온 딸냄에게 먹어보랬더니 아예
먹어보지도 않고 고개부터 흔든다
유기농이라던 배맛도 닝닝하더라니
토마토, 너마저!
우째 이런 일들만

맞아 죽은 똥파리를 애도하며

제 지낼 음식 냄새를 맡은 살진 똥파리
눈에 띄어 급살을 당하고 땡중이라 자괴하며
염불까지 구했으니
파리의 생을 두고 그만한 축복도 있을 법 같잖은데
허황된 구름에나 쓸리면서 글을 넘나드는 시 한구절
얻겠다고 무진장 문법의 세계를 쏘다니는 게
한 방 얻은 똥파리보다 과연 낫다 할는지
정갈한 음식이야 파리가 목숨 걸만한 유혹 아니던가
더구나 사가도 아닌 성소 음식에랴
삼천 맹모의 뜻이 지극했음을 기억하면서
죽을 자리는 아무래도 법당이나 교회였으면
웃는 중인데 부엌에서 풍기는
혀에 익은 냄새에 맛도 못 느끼는 늙는 혓바닥을
탓하며 택도 없는 생각이라 혀나 끌끌 때립니다
들여다 보면 똥물보다 꿀꿀거릴 거품 이는 창자를
안고 사는 못난 삶은
도로 해우소 불이나 될 밖에요

검은 상여꾼 가족

배를 흙으로 밀어나가다가 길을 놓쳤습니다
인연을 놓고 떠난 몸이 손처럼 귀하게
대접을 받으며 집에 들었습니다
일용할 단백질을 얻었다며 그들의 가족들인 듯
검게 그을은 시끌벅적 손으로 송편을 빚습니다
위대한 다산의 관록을 지닌 여왕을 위한
헌신적인 일꾼들의 소리 없는 찬송이
집 밖으로 넘쳐 흘렀습니다
환하게 둥근 달이 오래 떠 있는
잊을 수 없는 하루였습니다

옛날

방천 천방 거랑 북서쪽 판 지금도 기웁
가창 골짜기 나가는 버스 한 대 없을 때
비만 오면 큰물진 방천 구경 갈 때
엉덩이만한 돌을 굵은 철사로 엮어
천방을 엮었는데 열중에 예비군 오줌 누러
빠져나가듯 엉성한 때
돌 위에 옷 벗어놓고 거랑에 뛰어들어
물놀이할 때
가뭄 들면 물 없는 바닥 돌이 화끈 달아 오를 때
방적 공장 베가 바닥에 단체로 들어누울 때
차장 아가씨 매운 손바닥에
버스 여불때기를 얻어맞고서야 경산 청도 밀양으로
시외버스가 빠져나가는 방천 유일의 다리 수성교
수성교 건너기 전 방천시장 건너 방천여고 지나서
대륜 고등 있을 때
셋째 여식 저녀 나절 길 잃고 헤매는 방천에서

참새 잡으러 나왔던 동창 녀석 눈에 띄어 참새로
잡혀 왔을 때

어린 아이가 있는 아침

눈 감았다
넘어간 페이지
못 보았던 목소리가
통통 뛥니다
웃음소리가 싱그러운 숲처럼 맑습니다
새날입니다

달력

저거 석 장
마저 찢고 나면
오늘이네요

앗참,
마지막 장은
찢지는 않네요 그냥

버리던 걸요
금방 지나는 오늘처럼

자국

하늘 열린 날이
꼭 오늘이랴만

따지고 들면
오늘이 옳다

그렇다면 오늘은
반드시 볼 것이다

하늘 열린 자국
있을 수밖에

오늘
동해에 오래 서 보고
알겠다

하늘 연 바다 맞닿은
저 멀리 아슴아슴
눈물 시린
자국 있다는 것을

꼬시는 제언

세파에 밀리느라 구석구석
낡은 몸들이니
두보의
등고는 아니더라도
한 해 마지막 양이 겹친다는
구구날도 든 달
맑은 소금빛처럼 반짝이는 날
시리새콤한 하늘 우흐로
휘적휘적 머리카락이라도
슬밋 들이밀어 보자구요

오늘

어제는
사라졌고
내일은
알 수 없죠
오늘은 여기
있네요

부러운 발자국

이제 어떻게 걸어야 하나
발자국이 깊지 않다
물 위를 걷는 물새도 제 깊이를
여러 번 묻는데 제 시절을 돌아본 일
몇 번이던가 할멍
잔소리꺼리나 마련해 두는
반 줄도 안 되는 삶을 두고 돌아보니 마느니 할
가치에도 못 닿을 발자국을 언감생심 물 깊이를
진단하는 물새 발자국에 비하다니 부끄러운 줄
모르고 시치미 떼는 놈 아니던가
살아 있으니 숨을 쉬고 오랜 숨을 못 참아
한 줄도 채 이루지 못하는 삶을
오늘 더 숨 쉬고 싶었을 분껜 눈물스럽지만
얼마 남겨두지 않은 비로소 돌아보는 내
골목의 끄트머리에서 눈에 띈
짧은 키에 하루를 잘 살고 꽃잎 끝 오므리는
고개 든 이쁜 채송화가 부럽기만 하네요

좀 지나니 좋은 풍선

바람 빠진 풍선
누르면 이쪽으로도 저쪽으로도
터지지는 않고
불쑥불쑥 빠져나갈 수 있을

나
풍선이었음

빈 살을 매긴 활로 할배를

얼굴도 뵌적 없는 할배
할배의 할멍
어느 날의 오늘 무릎뼈 몇 조각 뵈올지도 모를
키 큰 풀들을 간섭하면 몸을 적시는
홍건한 풀비린내
안에서 울렁거리는 너울의 풀비린내를
불러낸다 불쑥불쑥
속내를 들여다본 산새들은 어디서
바다를 적셔오는지 눕고 싶은 하루를
데리고 나가자는 시늉이다
산새는 날개가 너무 무거워
할멍의 옳은 잔소리를 옮길 수 없다
능선을 오르는 너울에 누운 나는 울렁거리며
아직 매지도 않은 활시위를 앓고 있다
시위를 매고 탱탱한지 튕겨 보고
웃는 눈으로 곁을 지키는 할멍 옆 할배를 향해

없는 살 먹인 활을 겨눠볼 것이다
누구도 써본 적 없는 로또를
한 번도 사본 적 없는 로또를
받아써 보겠다는 지난 밤 꿈속을
더듬거리며 우습게도
웃는 얼굴로

가을색

저 만장한 곳곳의
가을 치장들
엇다가 갈무리해 두었던
색의 분탕질일까

가시나 셋에 아들 하나

이 나이 먹도록 아 넷이
하나같이 지 애비 속
안 뒤집는 ㄴ이 없다

50 너머
박사 학위까지 마친 ㄴ이
허구한 날 저녁이면
술이 있어야 된다
깨어나면 효녀가 따로 없다

두 살 터울의 둘찌
지 이쁜 건 알아서
왼갖 남자들이 꼬여 들어도
정작 마음에 드는 ㄴ은 없는지
여직 혼자 산다

셋찌
모진 수술까지 한 ㄴ이
먹고살겠다고
고깃집을 차리더니
아파죽겄다고 비명이다

첫찌 둘찌는 시집을 안갔으니
당연히 아가 없고
유일하게 시집 간 셋찌도
아가 없다

끌찌자 장남은
아무래도 장남보단 막내 같다
이념이 달라서
부자지정도 틀어질 수 있겠다
정치 애기라면 입 닫는다

멀쑥한 키를 가져선지
손자 하나를 안겨주었다
유시가 대단하다 그걸로
효를 다했단다

이제 넷이 다
지 인생 지가 사는데
전부 지 애비 잘못 만난
탓이라 여기고 애비도

모든 걸
다
내려놓고 산다

자책한다고 종이꽃이

부끄러움을 모르는 무지렁이
자책한다고 무지렁이 감할까
닮은 듯 창백한 백지를 쌓아놓고
뵌 적 없는 할배 상석에도 못 얹을
종이꽃이라 접으며 생생한 향기를 바래?
혹 변종까지 바라는 어리석은 염치?
종이꽃이라고 모양 다른 님 없을까?
찌그러진 얼굴로 웃기고 앉았네
접을 방법도 모르면서 종이나 지 몰골대로
구겨 버리는 싸가지
변종을 꿈꾸면서
솔숲 옹골찬 야산도 오를 생각 없는 빈 해골
썩은 뇌수를 바라보는 퀭한 눈
머리카락이 맑아지기 전 쭈삣거림
자신이 덩신인 줄도 모르는 덩신
방향 바꿀 줄 모르는 생각 굳은 꼰대

뭐 종이꽃 접는 연습이라도 한다고?

아나 여 다 이제 휴지로도 못쓸

구겨져서도 빳빳한 종이들

나비 밭갈이

뻘따구 잇몸에 쇠기둥 세우고 어금니에
철판 깐 탓에 생뚱이 솟아 뭐 좀 질긴 것도
씹을 수 있겠다 싶었겠죠
젊은 땐 맨 이빨로 쓴 쐬주 안주로
마른 오징어 다리도 넘겼겠다 자신하면서
뻘따구 힘은 좀 떨어졌지만 질겅질겅
쇠기둥에 철판이니 이만한 보수도 없지 않겠나
웃었겠죠
시인이 앉을 수 있다는 방석 끝자리를 얻으려고
깊은 절간에 들어 하루에도 몇 편씩 씹어넘겼다는
시인을 대단해 하며
귓등으로 흘렸던 소홀을 나무라며
다급에 쫓기면 초능력도 솟는구나 믿으며
워낙이 기본적으로 재주 없다는 자각은
몇 번의 깊은 한숨으로 메꾸고
철판 같은 밭을 깊게 갈아 엎고 싶었겠죠

칼날같이 서걱거리는 댓잎의 그림자가
달밤을 지나 문지방을 넘어도 귀 닫고 입 닫고
눈 감으면 헌 신발이래도 어디까지는
현실적일 수 있지 않을까 환상을 더듬거리는데
손도 닿지 않은 문이 스르르 닫힙니다
닫힌 문 틈으로 생날빛 몇 가닥이 끼어 바람에
휩쓸립니다

날개를 펄럭이는 나비
무엇을 보았을까요

환한 걸

구석 것들
키 낮은 것들
풀 아랫 것들
어깨 쌓인 먼지들

발바닥 굳은 것들

세월 지나며 나를
읽고 있었네요

눈 한 번 닿지 않았는데
지금까지
눈 붙어 왔네요

청맹과니

그늘을 자라며
서운한 색

이제 보이네요

나의 자기

신발 밑창을 따라온 흙 부스러기
바닥의 그늘을 생각한다

바닥에 사는 것들
물 바닥에선 바닥이 오를까
바닥 그늘은 바닥을 따를까
휘파람으로 오르는 물 묻은 숨비

바람을 흔들며 노는 꽃들의 바닥
흔들리는 그늘 그늘의 웃음은
꽃을 따를까 바람을 흔들까

그늘의 웃음은 꽃바람일 듯

신랑이
그늘 같은 새댁을 자기라고 불렀다

자기만큼 아끼고 싶은 분이라
자기라 부르고 싶었겠지

곳곳에 자기의 그늘이 길어지고 있다
그들의 그늘에 흔들리는 꽃바람이 겹치면
웃음 꽃밭이 될 것이다

그늘 계단이 조심스럽다

자기가 곁에서 웃는다
그늘이 따라 흔들린다
웃음꽃이 간지럽다

만가

남쪽 쎈 일곱 나들물
물골을 들락거리는 부유물은 생활
쓰레기였다

잊을 만하면 눈앞을 들락거리는 낯익은
물고기처럼 초릿대를 툭툭 치면서

날개 접은 만장을 흐느끼는
가라앉을 줄 모르는 요령소리
이제 가면 언제 오나
물을 사이도 없이 스쳐간 부고訃告처럼
물골은 검푸르기만한데

한 줌 뼛가루를 한지에 싼 것 같은
수의라도 바랐던 것인가

나들물 오가는
부유물을 바라는 찌푸린 이마를
늦은 햇살이 감싸 온다

으러렁거리며
갯바위 무딘 곳을 덮치는 너울소리가
깊다 자꾸 깊으다

곤한 잠

높은 벽돌담 기대어
비바람 겨우 피할
종이상자 잇댄 방 한 칸

갈비뼈 사이로 바람이 든다니

부끄러운 낯짝
녹슨 이빨 닦을
가릴 담요 한장 들일 곳 없다니

누우면 몸 하나 버둥거릴

피난 시절 어린 맘에
'우리 집이 젤로 좋아요'던 때가
엊그제 같은데

이저리 월셋방 옮기던 할멍 손 꼭 잡고

자가용 타고 콧바람 쐬주는 꿈 꿀

곤한 잠

청하고 싶은 밤

낡은 손가방 같은

동네 욕탕 몸 담구고 온 날
그러잖아도 뜨끈한 물맛 본
몸뚱이 느긋하게 풀어지는데

할멍
옆에 누워 보랍니다

잠깐
미심쩍은 눈이었다가
묻지도 따지지도 못하고 냉큼
누울 수밖에

비록 할멍됐지만
엄마보다 더 오랜 세월
같이 부대낀 여인인데

바르던 구리무 덤뿍 찍어
얼굴을 문지릅니다 설거지 그릇 수세미로
거품 퐁퐁 입히듯 늘어진 주름 말끔스럽게
뭉개기라도 하려는 듯

덤테기 잔소리 피부을 땐 언제고
새삼 무슨 정분일 리는 만무하고

내다버릴 수는 없고

남의 눈 의식되는
낡은 손가방처럼 들고 다닐
늘어난 주름살이 남사스러웠던가 봅니다

다음에도 누우려면
여름 땡빛이래도 더 많이 냉큼
태워야겠죠?

걸신

정신이 몸을 깨우쳐 점점
귀신에 가까워 오는지

젯밥에 젯나물 얹은
바가지 비빔밥이 자주
혀가 기억하는 맛을 일깨운다

비벼놓은 나물에
참기름이든 들기름이든
한 숟가락 얹으면

생각만으로도 침이 돈다

한 술 밥을
깨작이던 때가 오늘 아침 같은데
입맛이라도 살아나려나

마침 오늘이 구구절이니

헛제사밥 아니라도
어느 절간 문간방을 해메다 보면
얻어걸릴 수도 있으리라

눈을 감으니
걸신이 따로 있겠나 싶다

뜨겁지 않다

인대고 힘줄이고가 너들너들해지도록
너무 많이 오래 사용한 거라
어떻게 손 써볼 방법이 없답니다

어른은
아파 죽겠다고 어깨통증을
막무가내 울고

평안하다가
정신 없도록 뒹굴다가

보는데 보이지 않는 것 같던 어느날
마취 풀릴 때가 지났는데
아프다는 소리를 않습니다

그리고

한 이레쯤 더 통증없이 내가 알지 못하는

세계와 조응하는 듯하시더니

숨을 놓으셨습니다

아, 놓으실 땐 평생 습성된

씹는 일조차 잊으시는구나

그래

확실하게 안 것이 있습니다

죽은 몸 불에 굽힐 땐

이승의 모든

뜨거움도 잊는다는 걸

기품

눈 들어가지 않는 아주
작은 풀꽃도
꽃으로 끝내는 미소는 없더라구요

눈에 띄지도 않는
씨앗은 엇다
갈무리하였다가 어제
그 자리

이 늦은 가을 그늘
그 자리 골목 시멘트 바닥에서
들리지도 않는 제 노래를
우렁차게 울까요

앙큼스럽게

길냥이 하품으로도 돌보지 않는

아주 작으나 품격 있는

꽃잎 다섯

보라

흰

와이퍼

자동차 안에 앉으면
유리창은 내가 보는 세상

먼지 낀 눈을 와이퍼가 닦아줍니다

우중충 비라도 내리는 날엔
더 부지런한 큰 새 두 마리
까짓 날개를 펼쳐 눈을 닦습니다

힘겹게

드거덕德 덕德 덕德
세상을 닦아줍니다

조준

외딴 집 응달
고요에 내리는 고요는
더 무겁다

어무이 기다립니더

아부지요
나무에 달린 감이
홍시됐심더

주먹만한 기라예

인자 그만
돌아오이소

쫌 있으믄
서리 내릴 끼고

한 데는
밤 되믄 더 추불 낀데

인자 그만
돌아오이소

지금 아부지는 선산에서
세월 잊아뿟고요 어무이는
아흔 여섯으로 거동이 좀 불편하시나
크게 아픈 데는 없십더

세삼이라는 풀

들쥐 발목이라도 스치면 벌겋게 몸 부풀리겠다

만만한 망초나 쑥대의 목을 서서히 죄어, 귀 간지러운 바람에 제 뿌리는 아예 없애버린 놈

능력 연봉제에 일터 빼앗긴
내 눈알의 실핏줄은 언제까지 안녕할까

따끔거리는 눈을 감고 집으로 돌아가는 지하철
창밖으로 어룽어룽 춤추는 세삼

앙징스럽게 몸을 세울 땐 어여뿐 풀꽃이더니
가난한 풀의 목을 조여 액즙 다 빼먹고
더듬더듬 다가오는

급전대출무허가사채업자독촉통보같은

글쎄요

살림 사는 모든 게 늘
아쉬운 시절이었지요만
쌀 한 됫박이면 하루가
종종걸음이라 한 됫박만 더
여유두려고 허둥허둥하던 버릇에
못자국처럼 손이 구등살졌네요
식용유도 두 병 낚대도 두 벌 시도 두 편
괜한 걸 갈무리하다 보니 방 하나가 넘칩니다
이제 하나라도 더 버려야 할 시점에
끌어안고 버티는 노망이 마당 밖으로
발 디디지 못할 만큼 턱까지 찼습니다
내려놓아야 할 것들이 모여앉아 문간
은행나무 높이까지 쌓이면 그 허깨비 끝에
발 디디고 선 혼이 염라 앞에 이르러
글쎄요 변명이 될까요

흠향이라도

여름 고기 보리멸을
사철 입맛에 다시려면 동해 한적한 땡볕
모래사장에 텐트를 치고 원투 낚대를
펼칩니다 하늘 향했던 초릿대가 몇 번
지루하게 끄덕이면 두레박이 찹니다
그 자리서 몇 마리 회쳐 먹고 나머진 포를 떠
간소금으로 해풍에 말리는데요

졸임도 좋지만 날로도 고추장에 찍으면 맛이
끝내주는데요 술도 못 자시는 아부지 틀니가
마른 보리멸 포를 이기지 못하겠능기라요
슬쩍슬쩍 불에라도 끄슬리면 조금은
물러지는데요 그게 또 금방 굳어지는 지라
걱정이 되네요 지금 내가 아부지 나이가 되어
잡내 없는 보리멸포를 씹으니 임플란트
어금니에 한숨이 고여 조금은 덜 딱딱해지네요

아부지요
못하시는 쐬주 한 잔에 상석에 얹어 드릴테니
흠향이라도 하시이소

익은 청산에 나비

방향을 놓친 엽비의 어지러운 행렬에
나비가 섞이니
나비가 낙엽이고 낙엽이 나빕니다

나빈가 낙엽인가 분별해 무엇하겠습니까

나빈들 엽비인들 제 이름 가졌으니
그 또한 섭섭하잖을 제 몸짓은 가졌을 터
더불어 수작 부리는 걸 보면 청산에 갈
걸음은 아닌 듯 나비나 낙엽이나
피치 못할 청산엔 가야겠지요만

늦은 오후의 그늘진 골목을 비틀거리는
저 아저씨 길 잃은 듯 홀로 낙엽을 떠나는
나비처럼 낙엽을 밟으며 앉으며 휘청휘청
흔들립니다
익은 가을인데요

해운대

떼를 지어 달려오는
저 거침 없는 말갈퀴들

난바다에서 익힌
야생의 사랑을
제 방식대로 업어다

땅의 시작점에
부려놓는다

새벽꿈에 닿고 싶은
사랑
너울법이다

담금주

한창 가을이 익어가는 낮시간
혼자 시골살이하는 낡은 시인을
미심쩍은 눈으로 바라보던 또래 농부를 꼬드겨
거시기에 좋다는 야관문을 채취하러 갔지요

한짐을 넘게 욕심껏 베어 김장배추라도 절일
커다란 물통에 넣고
몇 번이나 헹궈 고추 건조기에 말린 후 작두로
잘게 썰어 두 말들이 배부른 독에다 꾸깃꾸깃
목구멍까지 채웠지요

담금주를 찰랑찰랑 턱밑 넘치게 붓고
칭칭 고뭇줄로 동여매고 잊었습니다

한 삼사 년을 넘겼나 야관문을 걸러낸 후 다시
두어 해 원래 담금병으로 옮겼습니다

맛도 안 보고
필요치를 물어서 질금질금 나누어 주고 한 병
한 병이 저 홀로 주인 없는 식탁 아래 남아
석삼 년을 아직 홀로 거미집을 지키고 있네요
효과가 어땠는지 응답도 물음도 없었지만
이게 혹 꼭 필요한 분이 계실 것도 같아서요
<u>ㅎㅎㅎㅎ</u>

푸른 눈웃음

내가 갈 수 있는 시간에 그대여
내가 가고 싶은
창에 푸른 눈웃음 하나 걸어 두세요

마당에 꽃은 없어도
저녁에 등불 하난 켜 두시고

어디를 가든 함께
기도할 수 있도록
손 하나는 아껴 주세요

마을 입구 당산목 그늘에
눈이 젖어
떠나는 손이여

돌아오는 시절엔

금방 사라질

무지개는 띄우지 마시길

갈치선

출발선이 어딘지
총소리는 듣고 뛰었는지
어쿠덩 덜쿠덩 여기까지 시절이
원망스러울 것도 아쉬울 것도
바닷물에 이는 갑작스런 물안개처럼
순식간이었던 것
보이지도 않는 너무 넓어 갑갑한
바다를 깔고 앉은 해바라기 시계바늘이
오후 다섯 시 이십 팔분을 가리킵니다
이천공이십삼년 십일월 십오일지구상에서
다시는 없을 아주 특별하고 유일한 고유의
물때는 열물 달은 없고 물색 좋고 기온 16도
해 없이 저리 고운 물색도 있었구나
새삼 아름다운 느낌도 잠시 노을은 색을 잃고
둘레를 이룬 어선의 불빛이 노을 대신
멀리서 떴다가 가라앉습니다

흔들리면서 바람에 맞선 무릎은 꺾이지 않으려
오금을 붙들지만 버틸수록 힘쓴 다리는
더 팍팍할 것 흔들림에 몸을 휘청거리면서
난간을 붙들면서 발을 더듬는데요
떴다가 가라앉은 어둠이 가린 수평선 아래
보이지 않는 어선은 전의 어선이 아닐 것
다시 떠올라 밤새 어둠을 밝혀줄 어선의 불빛을
믿으며 흔들리며 우리는 모두 한마음으로 기다리고
있습니다 어디서든 곧 묵직하게 밤바다를
들어올리는 소리가 들리겠지요
"올라오는구나아!"

포퓰리즘에 맛들면

매달 얼마씩
모자라게 나오는 화수분 살림보다
쌓아놓고 빼먹는 살림이 훨씬 더
조마조마하다는 게

가난한 걱정이라는 걸 알았는데요

밥 한끼 차 한 잔이 걱정을 업은
쓸 곳이 너무 많은
곳감 살림에서 뺀 대접이라면

글쎄요
접대 받는데도 아무렴
부담스럽지 않을까요

가진 것 없이 조금씩 나오는 걸 안도하며
게을러져 간다면 이것
또한 아픈

포퓰리즘
아니겠어요?

천둥

한 삶을
우리러 갈잎을 삶는다

저도 사계四界를 겪었으니 당연히
곤한 색도 들고 테두리도 낡고
구멍도 났을 터

벌레에 몸도 내주었을 구멍은
육보시肉布施 자국

도토릴 길러내느라 겪었을
곤困한 삶의 문신紋身이듯 날개인듯

가벼운 몸놀림은
하고 싶었던 것 다 털어낸
비운 삶 아니던가

내 이런 삶의 맛을 기꺼이
우려내 맛을 보리라

삶이 얼마나 무거웠으면
덮은 뚜껑이 들썩거리고
허연 김이 뿜어나오고

요란하게 끓는 소리
천둥일까

예성강 모진 바람

미어지는
일이 잦습니다

북쪽 나뭇잎 안부가 궁금한
꿈에라도 북으로 흐르고 싶었을
남천南川은 어디 나무 뿌리에 닿고 싶었을까요

발가락 간지럽히며 오갔을
등 따순 이야기

남천南川을 두른 석맥石脈이
맥반석麥飯石이라
좋다는 물맛을

모진 바람에 흐느꼈을 예성강 하구를
거쳐온 목멱산 줄기에서라도
적셔보고 싶었을까요

경성으로 떠난 남천南泉의 안부가 궁금한데
경성행 열차에 오른 것은 아는데
남천南川의 흐르는 꿈은 어디서
깨어났을까요

물 그늘 털고 일어나 눈시울부터 붉혔을
나뭇잎 소식 물었을까요

기가 막히는 인연도

국화 목부작이라든가 소나무 분재에
정성을 들여
기가 막히게 솜씨를 부리던 친구는
응급실에서 중환자실로 옮겨
내일을 알 수 없이 누워있고
별 볼 일 없이 내일을 알 수 있는 나는
집 안방에 누워 소용에도 닿지 않는 말로
병실의 친구를 위로합니다

고개 너머에 이르는 시차가
글쎄요 얼마나 될까요
기가 막히는 인연도 나이 들면 절로
그렇고 그렇게 데면데면해지는데
싱거운 어떤 놈이
예쁜 소녀가 순식간에 쭈그렁 할머니로
변화되는 동영상을 보내왔습니다

시집 한 편을 읽는데도 어떤 시는
두세 시간은 달아오르는데요
겅중겅중 건너뛰는 세월이
책장 넘기는 시간보다 빠르다
느낄 때가 많습니다
아무러면 부를 때 미련없이 떠나겠다
기꺼이 비웠다 옷깃 다잡고 웃었지만

낮은 문턱을 지나다 이마를 부딪고
알 수 없다는 듯 멋쩍은 웃음을 띄며
툇마루로 내려서는 오늘은
마당인들 편안할까요
도래솔 그림자가 요상스럽게
뒷터에까지 건너와 희미해지는
시덥잖은 겨울 오후
어깨 힘 잡던 잡초들도 시무룩하네요

딱 세 알

딱 세 알
금년 감나무가 욕심없이 맺은
주먹보다 더 굵어진 대봉을 따 들고
입술은 이미 홍시가 된 감을 먹느라
무지개가 핍니다

간 밤 지붕에 별빛인 듯
서리 내린 텃밭 무우 잎에도
아침 햇살이 밝은 무지개 빛입니다

꽃으로 두고 보자는
할멍의 핀잔에도
지나는 새에게
쪼이기 싫은 세모꼴 눈이
어림도 없습니다

어떻게 기다린 수확인데요

풋감이 떨어질 때마다
무슨 대응책이 없을까 방법도
모르는 채 마음 졸이며
마냥 기다린 오늘인데요

벌써 뽀얀 분을 몸에 두른
바알갛게 투명한 살이 내비치는
언 자국

수상한 한 해 내내 기다림에 익은
시 세 알인데요

이런, 제기랄
일찍 일어난 아침 눈에 보이는

대봉감 꼬라지 하곤

까치가 먼저 입을 댔네요

외삼촌

어둠 속에 풀리는 어둠이
한 줄 실오라기 풀리듯
사람들 속에 섞인다

물에 풀리는 잉크처럼
짙은 옷 일색의 겨울 군중 속으로

한 음절 낱말이 도드라진 듯
흰
윗저고리 차림의

허리 굽은
샘골 외삼촌

도심을 향한 오일장 버스에서 내려
화장실 가는 사람들 틈에 느릿느릿
번져들고 있다

가자미

선장 그 젊은 짜석
선생했다는 내 말에도
그저 교장선생님 교장선생님
앵금소리 내더만

이제서야
날씨 좀 좋아졌다고 낼 모래 새벽
구계 앞바다로 나가시자네
수온이 일쿵 절쿵해싸면서

바다 밑바닥
엎드려 노닥거릴 가자미
큰 놈이든 작은 놈이든
내 꼬셔볼텐께

어린 놈이면
동해의 앞날을 짊어질 놈들이니
증손지까지 다 보고 즐겁게 더 놀다 오너라

돌려보내고 큰 놈들만 거두어
할멍 찌겟거리로 알랑거려 볼텐께

내 귀여운 것들
기다리거라

눈물을 찾습니다

눈물을 잃었습니다 그대
내 눈물을 보았나요 빈정거리는
바닥을 기어다니느라 닳은 눈물
쏘아보는 삵괭이 같은 눈의 빛
흘릴 일 없는 내 눈물을 보았나요
싸늘한 겨울 바람에 얼어붙은
흘릴 틈이 있어도 흘릴 눈물이 없는
마른 도랑
퍼석퍼석 흘러내리는 황토 언덕의 흙무덤
광야의 막막한 바람따라 굴러다니는
마른 풀더미
마음을 내닫는 흙먼지를 가라앉칠 눈물이
없어졌어요
매마른 시대 거짓말 천지
뻔뻔히 언 내 얼굴을 따뜻하게 녹일
눈물을 잃고 씩씩 콧바람 쏟으며

언덕을 해메고 있어요 그대여
잃어버린 내 눈물은 어디를
헤매고 있을까요

낯선 그 사람

거미줄처럼
동굴을 얼기설기 얽어놓은 넝쿨을
아름답겠다 생각하는

잃어버린 눈물과
흘린 눈물을 주워담지 못한

잃은 얼굴을 누일
동굴 앞에서

슬프지 않을 앞날을 바라며
무심히 지나치는 거친 바람처럼

남은 레일에 실린
차창의 얼굴

뭐랄까 낯선

그 사람을

매듭은 끊는 것이 아니래

낚시는
누가 뭐라든 채비가
물속에서보다 물밖에 오래
있어서는 아니되는 일

채비를 던져넣을 때부터 이미
풀려나가는 밑줄을 잡아주지 못해
엉킨 것을 또 학꽁치가 물고 흔들어서
매듭지기까지 했으니

뭉텅뭉텅 잘라내고 새로
목줄을 갈아주는 것이 빨리 물속으로
던져 넣는 지름길임을 뻔히 알면서도 문득

삶의 매듭은 풀어야는 것이지
끊는 것이 아니라는

책 묶은 끈 하나도 하나하나
정성 들여 풀던 할멍 말이
매듭으로 남는 건 왜 때문인지

찬 바닷바람에 콧물 줄줄 흘리면서 하필
짧게 깎은 손톱을 툴툴대며
안 보이는 눈길을 좁히며
쩔쩔맬 건 또 뭐람

나박김치

노랗게 익은 겨울 속배추
애기 잎 크기에다 겨울 무 얇게 썰어넣고
당근 미나리 색깔로 버무려

곱게 빻은 고추가루 우린 밝은 물에
간 마늘 풀어 소금간 맞추면
나박나박한 물김치가 되는데

그대로나 살짝 익으나
이보다 더한 동지 팥죽 짝맞춤이 없는데

오늘
팥죽을 먹어야
다음 해 옳은 살이한다는
애기 동짓날

동치미를 내놓고 나박김치라니

내 입이 아는 동지 팥죽 맛을
그대가 어찌 알겠누

점 하나

물에 떠 있는
점 하나
발목을 잡는다

피동 능동의 문제이기도
자동 타동 한정 무한정의

영역이 다를 수 있는 사막이기도

눈이 간질간질해지는
자아의 타자이기도 타자와 동화할
들어가는 연습의 길에 박힌

자타 혼돈
시간의 돌 하나

있는 듯 없는 듯
눈에 띄지도 않던 것이

밀어도
밀리지 않는 거대한
한 점

산이 된다

순국殉國

눈이 머리부터
어깨로 팔 다리 가림없이
쌓입니다

날이 지날수록 습설이 되어 무겁습니다
따로는 습설 자체로 내려 눈물의
무게를 더합니다

나무들
어깨를 흔들어 무게를 털어냅니다만
청청한 솔이 털지 않고 털썩
중동부터 꺾어집니다

저 충정 저 용기있는 희생

어찌 입을 다물 수 있을까요
등신스럽다 미련하다 말
보탤 수 있을까요

눈이 내립니다 쌓입니다

꺾이지 않으려는 앞산 도래솔이 우직끈
미리 듣고 있습니다

먹장어

남쪽 바다 맛을 대신한다는
장어 중에 장어란
먹장어

통영 중앙시장 골목에
좌판 벌이고 생선 손질하시는
사랑이네 엄마 황권사님

한 5kg 미리
손질해 달라는 부탁 말씀 드리고

자동차 바퀴 열나게 돌아와
가족 불러앉아
소금 간이나 양념장에나
석쇠에 구우면

털 부풀려
추위를 견디던 길고양이들도
줄서서 눈 반짝거리며
냐옹

울 걸요

흘린 말

말이 흘러
널부러져 있다

쓰지 못해 버린 말들은 어디에도
전혀 쓰일 데가 없는 것일까

몸이 삭아 떨어져나온 삭정이를 주워
아궁이를 덥힌다는 스님은
탁탁 소리내는 삭정이를
불쏘시개로도 쓰신다는데

몹쓸 말들 주워담은
주머니를 만지작거린다

손에 남은 온기가 탁탁
소리 얻어

몹쓸 말에 옮아 따뜻해질 것을 바라면서

버린 말들 곰곰 씹으니
쓰고 남은 여생같기도

씁쓸하다

쓸 말 아니 쓴 말
시비를 가리고 앉은 꼬락서니가
푸념이려니

나머지는 억지
즐거움이라도 남기라는 낡은
모둠말로 내보내면 어디
쓰일 데가 있으려나

물멍

물에

떠 있는

사막

어짜까

다른 말들을 데불꼬 놀자면
마냥 뛰어놀고 싶은 새내기 말들
사람도 새것이 좋다잖아요

마당에서 거두어 다섯 손가락 펴고 앉아
인지 지문指紋 골 따라 돌게 둔 뒤
꼬불꼬불 도느라 비틀거리는 말들
데불꼬 놀면 남다른
세상 어디에도 없을 나만의 말
아니겠음둥? 내 지문에서 벗어난
고놈들 한참 바라보다가 쓱싹
지워버리면 허무해지니께
세상 일이 본래 다 무상타꼬 눈 감지 말고
신새벽 다시 눈떠지거든 어짜까
한 번 더 들여다보다가 영 낯설거들랑
버리시기요

물멍물멍

바람결 한 톨 줄서지 않은 모래밭
눈 닿지 못하는 햇살 끝으로
끝없이 놓인 외발자국

금今의 시절엔 조급한 물이었을

발 내린 물밭
보이지 않는 물새의 발톱은 어둡다
저어도 저어도 밝아지지 않는 발은
물 위에 뜬 태연한 몸 것이다

발과 발톱의 거리다
끝처럼 고인 외발자국이 걸어간
막막한 거리 허벅다리를 지긋이
압박하는 물의 무게

드나들지 않는 섬그림자 비치지 않는
바다를 바라보며 바라보며
아무런 생각을 잃고 바라보는

의미 없는 나들이가 무심결에도
향긋한 햇살의 끝

아지랑이처럼 자욱한 풍경 문득
거꾸로 선 아랫도리
지워진다

이대로
잠들어도 좋겠다

대가리 내들지들 말어

참나무 소나무 대나무 다 각자 각자
대가리 내들지들 말어 어차피 같은
나무들끼리 아니여

풀 아니라고 잘난 거 아니여 연한
풀이래도 나무가 갖지 못한 낮은 게
시퍼렇게 확실히 서로 손 잡고
어울러 산단 말이지

뿌리도 튼실한 게 외려 몸 가깝잖여
땅이랑 근본에 더 가깝단 말이여

바람만 해도 그려 나무보담 훨씬 더 낮게
따뜻하게 어울리잖여
나무라고 무에 잘난 거 없단 말시

가슴을 열어놓은 빈 의자처럼 펼쳐놓은
풀밭에 앉아 편안해 하는 바람 좀 보란 말시
얼마나 순하고 부드러운 바람이 되는지

바람에 벽 없듯 풀밭에도 벽 없는겨

뭐 하나 잘났다고 개뿔
그렇게 대가리 빼덩대고
흔드는 게 아니여

목소릴 개어

목소릴 눈에 개어
양푼이에 담는다

물 묻은 목소리가 응어리진다
후라이팬에 얹는다면
익혀진 언어가 될까

냄새 남은 자리에
비릿한 물내가 배어 있다
욕지도에서부터 따라온 물멍의 파랑波浪

머릿속 바다에 붙어있는
하얀 고기비늘을 훑훑 긁어내기 전
얼마 동안은 초릿대도 기억할 것이다
그가 들여다 본 물 속 파랑의 흔적

어찌하겠다는 아무렇게 가진 생각을
버리고 눈에 담기는 것도 버리고
걷는다는 걸음도 버리고 고개 떨구고
걷고 있다는 사실조차도 버리고

아무 생각없이 지워지는
파랑을

허허롭게 나아가다가 문득
어느 자리에서 허허한 가슴이 되어 허허한
세계를 마주하고 서 보면 거기

아득하게
허허하게
빈 곳

온몸으로 뒹굴고 있는
아주 작은 외로운
벌레 한 마리
보잘 것 없이

말

바다는
변함없이 벌렁거리고 있는데 나는
왜 여직 숨 막혀 하는지

길 잃은 삶에게도

약속을 엇다가 숨겼을까

눈발이 휩쓸고 간 마당
구석에 팽개쳐둔 토분

지난 해 춤추지 않았던
꽃의 부스러기 어디에 숨었다가
길을 찾았을까 그대는

길 어디에 연을 맞아
추위가 휩쓸고 간 마당에 푸른
기대를 싹 티우려 움추렸을까

가슴 어디에 씨앗을 숨겼다가
사랑의 눈빛을 꿈꾸었을까

보이지 않은 곳에서
물길을 준비하는 손들이여

간단없이 흔들리는 바람에게도
푸른 지팡이를
낡아 푸석거리는 메마른 기억을 걷는
잊은 영혼에게도
촉촉한 들길을
손들이여

묘사를 위한 묘사가 아닌

느닷없이
맴이 니글거려 괜한 날씨 탓하며
흰 게발선인장이 눈에 띄어 한 포트
토분 하나 흙 한 포대
하니 살 것도 많네요 가벼우나 굵은 돌
분바닥용 얼개 이러저러 대충해서
소매 걷고 분갈이해서 문갑 위에 얹었습니다
삭막한 방이었다 여기며
지루하도록 바라보다가 바라보다가
바라보는 것이 꼭 해야할 일인 것만 같아
바라보다가 꽃 날개를 펼칠 것처럼 바라보다가
꽃몽오리가 터지는 것 같아 바라보다가 또
바라보다가 바라보는 것을 그만둘 수 없어
바라보다가 몇 시간째 바라보다가
바라보는 것을 잊은 채 바라보다가
피곤하여 졸음이 오도록 바라보다가

아니보아도 바라보다가 눈이 아파서
안약을 넣고 바라보다가 바라보다가
뼈 마디 마디 끊어지는 상처를 주저앉혀
꽃으로 어루다가 인구절감시대에도
주저앉은 채 푸른 종족을 확산시키는
끈질긴 생명력을 그냥 바라보기만 하다가
내 아를 넷이나 낳고서는 늙어 뼈 마디 마디
안 아픈 데가 없다는 할멍을 떠올리다가

검은 상복

죽는 것은 없었습니다

날씨도 여전했습니다 조금 더
춥거나 조금 더 더웠거나

어떤 길은 끝이 없고 어떤 길은
시작이 문들어져 장터 뻥튀기처럼 무심한
이들을 놀라게 하는 비명소리가 허옇게
쏟아져나왔죠

잴 수 없는 바람의 높낮이를 타고
너머의 길에서 넘어오는 산소의 풀비린내를
쏟아내며 잘려나가던 키 큰 풀들의 모가지를
기억해 냈죠

죽는 것은 아니죠 죽는 것보다 더한

느닷없이 날아간 풀조각 한 잎씩 물고
땡빛에 먼 길 떠난

검은 상복의 줄 지은 개미들
슬픔을 알렸을까요 죽는 것도 아닌데

동박새에게

좀 거리를 두고 바라본 아직
끝날 몸부림이 남은 계절의
황금회화나무

잎인지 가지인지 분별을 못해 내가
'안다 한들' 무엇을 얼마나 알겠냐고 물었는데
시인은 동박새에게 물어랍신다 옳거니

동박새가 안다는 게 무엇인지
답해줄 수 있다면 시가 어디 있는지도
알 수 있을 것

주소부터 검색해 보니
텃새라고는 하나 동아시아에 분포하고
동백꿀을 좋아한다네

늙은 나로선 텃새라는 동박새를
만날 길도 동박새를 꼬실 동백꿀도
힘에 부치기만한 마음 가난한 걸음의 시인

줄기인지 잎인지, 안다는 것이 무엇인지
물어보라는 것이 무엇인지
시인의 인도하는 말까지도 헷갈리는 줄 모르고

시가 어디서 오는 것인지부터 물으려한
성급한 내 욕심에 그저 혀를 내두른다 그러니
우선 동박새여

그대가 산다는 곳에 따른
'텃새'라니 '터'가 어딘지부터 좀
알려주시면 아니 쓰겠는가

시라도 무럭무럭 푸르러지기를

이른 아침의 창이 환합니다
방금의 창은 더 환해졌습니다
나서 보아야 지나치는 것들 뒤나 바라며
따르다가 주저앉아 흙이나 뒤적거릴 걸
시가 묻혀있는 것도 아니고 오늘은
창이 밝으니 접이 의자를 펴고 앉아
마당을 훑습니다 햇살이 이마에 부딪혀
거리를 좁힙니다 푸른 팥알 같은 매실
참새 혀 같은 잎 사이로 개미 행렬이
줄을 섰습니다 저 개미 며칠 지나면 여린
가지마다 포릇포릇 줄을 선 진디 꽁무니가
달콤하겠지요 어지러워지는 마음을
피해 눈을 돌립니다 진디를 잡겠다고
약질을 하다가 검게 말라가는 매화가지를
경험했거던요 죄를 짓고도 악을 쓰며
살겠다는 놈들과 죄를 짓는 사람들에게

지배당할 수는 없지 않겠냐는
애끓는 외침을 방금 듣고 나왔거던요
사람살이나 곤충살이나 숙주만 아프다는
현실이 마당에도 훤하네요 백주대낮이 시비를
가려줄까요 시력의 거리를 좁히고 있지는 않을까요
이래저래 속 시끄러지니 다시 창 안으로
몸을 들입니다 어디서든 시라도 무럭무럭
제대로 잘 푸르러기를 바라면서요
이것 또한 괜한 배려일까요

나절 풍경

동산 너머 참매가 뜨자
마당에 종종거리던 병아리
화급히 부르는 어미닭에 영문 모르고
흙담 밑으로 쪼르르 몰려듭니다
한 마리가 여전히 남아 있습니다
하루를 은근히 달아오른 장독대
그늘에서 늘어지게 하품을 뱉던 워리
쭉 뻗친 앞발이 간지럽습니다
꼬리를 몇 번 흔듭니다
한나절이 지나고 쑥 캐러 나간 언니
치마에 붙어온 들냄새가 코를 지피면
입이 발이 꼬리가 신명이 날 겁니다
시 같은 건 몰라도 반갑게 짖을 수 있는
입이 있고 몸이 흔들리는 신명이 꼬리에
붙어 있습니다 두 발을 치켜들고 꼬리를
흔들며 컹컹 언니를 맞을 겁니다

풀색을 닮는 지혜

오늘은
많은 꽃들 속에서 너무 작아 눈에 잘 띄지도 않는
풀꽃들을 눈여겨 보았네요 그야말로
자세히 보아야 비로소 수줍은 듯 당당하게
눈을 맞아주는
냥이란 이름 말고도 도도한 꽃불눈처럼
땅에다 코를 박으면 향보다 흙내가 더 강한
다섯 꽃잎들 펼쳐도 이름 기억 없는 누가
일부러 작심하고 쓴 시도 아닌 꽃들이
예쁘게 제 몫을 다하고 있었네요
보라도 흰도 노랑도 제 몸의 풀색을 닮아
내세우지 않고 제철을 즐기는 지혜를 닮아보려
오늘은
허리와 어깨와 고개를 꺾고 한참을 더
주저앉아 일어나지 못했었네요

소리 없는 나팔

써레질 들어갈 논두렁 들메꽃이
나팔꽃을 닮았다
완만한 산자락을 수십 마리 떼지어 기어가는 논두렁
고만고만한 다락논을 구획짓는 곡예 같았을 삶
무엇을 외쳐라도 싶었을까
논두렁을 기어다니느라 피어올린 꽃입술에
진흙이 묻었다
한낮을 조금 넘긴 시간 흙묻은 저 꽃잎이
시들기까지 무엇의 눈길을 얼마나
붙잡아 보았을까
논베미를 뒤집어 그리라도 먹고 살겠다고
종양처럼 진흙이 붙었어도
나팔꽃을 닮은 것은 외고 싶은 무언가가 반드시
있을 것 같은데 평생
흙이라도 뒤져 가족들 입을 달래온 삶의
무엇을 외고 싶은 것일까

이름 한 번 불리는 일 없이 슬핏
노을은 떨어지고 꽃잎은 마르는데
누가 귀 기울이고 있는가

풋감

여름 모자를 푹 눌러쓰고 땅을 내려다본다
이마에 푸른 그늘이 짙다
무에 그리 부끄러운가
아이라예
숙이는 눈꼭지가 풋스럽다
하늘을 바라보기엔 비밀스런 무언가를
지켜본 것이 틀림없다
애써 씌워준 꽃관을 버린 게 벌써 검어진 걸 보아도
그럴 것 같다
주위의 이슬이 어느새 말랐다
부끄러버예
내려다 보는 어딘가에 있을 것도 같은 무언가
샅샅이 둘러보아도 내 눈엔 감감이다
뭐지 뭐지
하는 사이 더 못 참겠던지 또 툭 몸을 던진다
몸 던진 게 많다

못 읽는 눈이 한스럽다 칠곡 할매처럼
야학에라도 들면 눈 뜰 수 있을까

퇴고

애쓰지 않았어도 그냥
잊었을 거예요

삶이
꿈처럼 그렇게 흘렀으니까요 잠시 소매 끝이
닿았을 뿐 잠이 더 이상 허락하지 않았을까요
가슴에 통증이, 눈물이 허공에 마른 건
쉬이 잊기 위해설 거예요 다시 보았다면

마주볼 수 있었을까요 우리가 다시
만날 수 있었을까요 볼 수 있다는 기대까지
허물어졌을까요 헤진 아픔을
참을 수 있었을까요

그대로부터 벗어날 수 있기를 바란 적 없습니다
자유롭기를 바란 적 없습니다

마구 흩어진 노을을 읽으며 돌아보는 그대
새로 써보고 싶은 가파른 문장이 많아
한 번 더 고치고 싶은

한 번만 더 다시는
눈 감고 싶은 사랑을

엄청난 사랑

하루살이는
소중한 하루를 알려주기 위해
한 생을 위한 하루치의 날개를 얻어
어느 찬란한 순간에
죽음을 무릅쓴 사랑을 하고
엄청난 새 천지를 낳는다

시집 가는 날

여동생이 시집 가는 날

행당동 교회 앞 빵집에 둘을 불러앉쳐 놓고
매부도 제대로 알지 못하면서 동생에게
행복하기를 바란다는 말이

네 신랑이 도둑이 되더라도
너만은 네 신랑 편이 되거라

그 신랑 도둑은 아니되고
장군이 되었는데요

지금 상수上壽인 엄마까지 잘 챙기는
여동생은 장군편이 되어 아웅다웅
나와 같이 늙는답니다

똥 싸는 고양이

배도 부르지 않은 것을
주는 대로 받아 먹었으니
변빈들 만만했을까

때 맞춰
뒤집어 놓고 똥구멍으로 손가락을
쑤셔 헤집은 게

할멍 가을 옷이 되고
요긴한 살림 장만도 되더라니

오래 잊은 듯 앉은 늙은 고양이

어제 저녁 일삼아 똥구멍을 헤집어
단단한 덩이들 열 개 무더기로 나란히
두 줄을 세운다 엄청 길다

때 묻은 은빛 뚱이 잘 익은
김장용 고추로 돌아올 것이라니

모처럼
모자라지 않은 할멍 얼굴이
발간 빛이네

무당거미줄

기다림에 지치면
아무것을 보아도 당신으로 보입니다

가슴 떨림이 가라앉아
있는 것의 어디를 보아도 나름의
당신 모습이더라구요

너무 애가 닳은 끝이라설까요

나도 모르는 사이 언젠가부터는
두근거림 없이 당신을 맞이하는 얄궂은
장면도 얻었네요

바다가
바람에 어떻게 흔들리는가를
보았거던요

흔들리는 그늘

지은이 · 강동희
펴낸이 · 유재영, 유정융
펴낸곳 · 주식회사 동학사

1판 1쇄 · 2025년 4월 30일
출판등록 · 1987년 11월 27일 제10-149

주소 · 04083 서울 마포구 토정로53 (합정동)
전화 · 324-6130, 324-6131 | 팩스 · 324-6135
E-메일 | dhsbook@hanmail.net
홈페이지 | www.donghaksa.co.kr
www.green-home.co.kr

ISBN 978-89-7190-907-2 03810